Heinz Marecek

LAUTER LACHENDE LYRIK

AMALTHEA

Besuchen Sie uns im Internet unter:
amalthea.at

© 2016 by Amalthea Signum Verlag, Wien
Umschlaggestaltung: Elisabeth Pirker/OFFBEAT
Umschlagbild: © Janine Guldener Berlin/München
Lektorat: Martin Bruny
Herstellung und Satz: VerlagsService Dietmar Schmitz GmbH,
Heimstetten
Gesetzt aus der 11,75/14,75 pt Adobe Garamond Pro
Printed in the EU
ISBN 978-3-99050-064-4

Inhalt

Zweiter Teil

Anhang

Vorwort

Immer wieder kommen nach meinen Lesungen Leute zu mir, lassen sich ein Buch signieren und fragen dann: »Wie entsteht eigentlich das Programm für so einen Abend?«

»Eigentlich von selber.«

»Hm?«

»Ja. Ich lese sehr viel und sehr gerne Gedichte. Und sobald mir eines so gut gefällt, dass ich das Bedürfnis habe, es anderen Menschen zu erzählen, schreibe ich es ab, lerne es meistens bei der Gelegenheit gleich auswendig, und es kommt in einen Ordner. Als ich zum Beispiel das Gefühl hatte, es gibt genug Lyrik zum Lachen, um einen Abend davon zu gestalten, wurde eben ein Ordner »Lauter lachende Lyrik« angelegt, ich wühlte mich ein paar Monate lang durch Lyrik aller Art, und siehe da – immer wieder war plötzlich ein Gedicht da, über das ich laut lachen konnte. Und oft ist ja der Autor so eines Gedichtes einer, von dem man diese Art von Lyrik nicht erwartet hätte – das ist natürlich immer am lustigsten.

An meinen Abenden liegt dann der Ordner mit den ausgedruckten Gedichten auf einem kleinen Lesetisch vor mir – hat aber eher dekorativen Charakter. Denn ich kann alle Gedichte, die an diesem Abend »drankommen«, auswendig. Ich hatte nämlich immer schon das Bedürfnis, Gedichte, die mir besonders gefallen, auswendig zu lernen. Auch viele, die nie an irgendeinem meiner Abende Verwendung fanden. Einfach so, aus Freude an der Sache. Nicht nur Gedichte, auch Monologe, Opernarien, Texte von Liedern, die mich besonders berühren oder betroffen machten, oder die ich so idiotisch fand, wie etwa die SED-Hymne! Diesen brüllenden Schwachsinn musste man einfach in Diskussionen auswendig zitieren können. Passagen aus der »Ilias«, der »Odyssee« oder der »Göttlichen Komödie«, was auch immer – aber am liebsten Gedichte. Und die müssen gar nicht in einem Buch stehen.

Als ich das erste Mal über die Strudlhof-Stiege gegangen bin, habe ich mich auf eine Bank gesetzt und so lange das wunderbare Gedicht von Doderer gelesen, das dort in Stein gemeißelt ist, bis ich es auswendig konnte. Ich bin seit Jahrzehnten nicht mehr über die Strudlhof-Stiege gegangen, leider – aber das Gedicht kann ich immer noch.

Ähnliches hat sich im Mirabellgarten in Salzburg ereignet. Dort steht auf einer Marmortafel das Trakl-Gedicht: »Musik in Mirabell« – auch vor dieser Tafel blieb ich so lange stehen, bis ich das Gedicht auswendig konnte – und bin dann zufrieden weitergegangen.

Es müssen auch gar nicht Gedichte sein! Wenn man über die Himmelstraße in Wien spazieren geht und plötzlich vor einer Art Säule steht, auf deren abgeschrägter Oberfläche in einer schwer leserlichen Handschrift der Satz steht: »Hier enthüllte sich am 24. Juli 1895 dem Dr. Sigmund Freud das Geheimnis des Traumes«, kann man ja auch nicht einfach weitergehen, sondern nimmt sich natürlich vor, die Geschichte, die hinter diesem Satz steht, herauszufinden. Dann erfährt man, dass die Handschrift Freuds eigene ist, der Satz aus einem Brief an Wilhelm Fließ stammt, und noch eine ganze Menge. Ohne erkennbaren Nutzen, zugegeben, aber es macht einfach Spaß, solche Dinge zu wissen.

Ich wollte auch schon als Kind unbedingt wissen, wer die acht Männer sind, die an den Seitenflächen (stehend) und an den Ecken (zu Pferd) das Maria-Theresia-Denkmal zwischen den beiden Museen zieren. Welches die sieben Weltwunder sind und wie die neun Musen heißen. Eine Art von Sucht, gar keine Frage. Doch wahrscheinlich eine harmlose.

Aber die Lieblinge blieben immer die Gedichte: von Kästner, von Heine, von Goethe, von Lessing, Heinz Erhardt oder Robert Gernhardt ... und alle sind sie auf den folgenden Seiten vertreten – mit einem Gedicht, mit dem sie amüsieren und die Menschen zum Lachen bringen wollten.

Viel Spaß beim Lesen!

Erster Teil

»Hamlets Geist«

Gustav Renner war bestimmt die beste
Kraft im Toggenburger Stadttheater.
Alle kannten seine weiße Weste.
Alle kannten ihn als Heldenvater.

Alle lobten ihn, sogar die Kenner.
Und die Damen fanden ihn sogar noch schlank.
Schade war nur, daß sich Gustav Renner,
wenn er Geld besaß, enorm betrank.

Eines Abends, als man »Hamlet« gab,
spielte er den Geist von Hamlets Vater.
Ach, er kam betrunken aus dem Grab!
Und was man nur Dummes tun kann, tat er.

Hamlet war aufs äußerste bestürzt.
Denn der Geist fiel gänzlich aus der Rolle.
Und die Szene wurde abgekürzt.
Renner fragte, was man von ihm wolle.

Man versuchte hinter den Kulissen
ihn von seinem Rausche zu befrein,
legte ihn langhin und gab ihm Kissen.
Und dabei schlief Gustav Renner ein.

Die Kollegen spielten nun exakt,
weil er schlief und sie nicht länger störte.
Doch er kam! Und zwar im nächsten Akt,
wo er absolut nicht hingehörte!

Seiner Gattin trat er auf den Fuß.
Seinem Sohn zerbrach er das Florett.
Und er tanzte mit Ophelia Blues.
Und den König schmiß er ins Parkett.

Alle zitterten und rissen aus.
Doch dem Publikum war das egal.
So etwas von donnerndem Applaus
gab's in Toggenburg zum ersten Mal.

Und die meisten Toggenburger fanden:
Endlich hätten sie das Stück verstanden.

*Es gibt keinen Dichter, der mich so lange
und so konstant durch mein Leseleben begleitet,
wie Erich Kästner. Mit zehn Jahren bekam ich
»Emil und die Detektive«, dann »Pünktchen und
Anton«, »Das doppelte Lottchen«, bald gefolgt vom
»Fliegenden Klassenzimmer« und »Drei Männer im
Schnee«. Als ich ein paar Jahrzehnte später die
Bühnenfassung von Letzterem inszenierte und
ein paar hundert Mal spielte, fiel mir bei den
Vorbereitungen seine Lyrik in die Hände –
und ich habe mich in sie genauso verliebt wie
seinerzeit in »Emil und die Detektive«.*

»Der Handstand auf der Loreley«

Die Loreley, bekannt als Fee und Felsen,
ist jener Fleck am Rhein, nicht weit von Bingen,
wo früher Schiffer mit verrenkten Hälsen,
von blonden Haaren schwärmend, untergingen.

Wir wandeln uns. Die Schiffer inbegriffen.
Der Rhein ist reguliert und eingedämmt.
Die Zeit vergeht. Man stirbt nicht mehr beim Schiffen,
bloß weil ein blondes Weib sich dauernd kämmt.

Nichtsdestotrotz geschieht auch heutzutage
noch manches, was der Steinzeit ähnlich sieht.
So alt ist keine deutsche Heldensage,
daß sie nicht doch noch Helden nach sich zieht.

Erst neulich machte auf der Loreley
hoch überm Rhein ein Turner einen Handstand!
Von allen Dampfern tönte Angstgeschrei,
als er kopfüber oben auf der Wand stand.

Er stand, als ob er auf dem Barren stünde.
Mit hohlem Kreuz. Und lustbetonten Zügen.
Man frage nicht: Was hatte er für Gründe?
Er war ein Held. Das dürfte wohl genügen.

Er stand, verkehrt, im Abendsonnenscheine.
Da trübte Wehmut seinen Turnerblick.
Er dachte an die Loreley von Heine.
Und stürzte ab. Und brach sich das Genick.

Er starb als Held. Man muß ihn nicht beweinen.
Sein Handstand war vom Schicksal überstrahlt.
Ein Augenblick mit zwei gehobnen Beinen
ist nicht zu teuer mit dem Tod bezahlt!

PS: Eins wäre allerdings noch nachzutragen:
Der Turner hinterließ uns Frau und Kind.
Hinwiederum, man soll sie nicht beklagen.
Weil im Bezirk der Helden und Sagen
die Überlebenden nicht wichtig sind.

»Maskenball im Hochgebirge«

Eines schönen Abends wurden alle
Gäste des Hotels verrückt und sie
rannten schlagerbrüllend aus der Halle
in die Dunkelheit und fuhren Ski.

Und sie sausten über weiße Hänge.
Und der Vollmond wurde förmlich fahl.
Und er zog sich staunend in die Länge.
So etwas sah er zum erstenmal.

Manche Frauen trugen nichts als Flitter.
Andre Frauen waren in Trikots.
Ein Fabrikdirektor kam als Ritter.
Und der Helm war ihm zwei Kopf zu groß.

Sieben Rehe starben auf der Stelle.
Diese armen Tiere traf der Schlag.
Möglich, daß es an der Jazzkapelle –
denn auch die war mitgefahren – lag.

Die Umgebung glich gefrornen Betten.
Auf die Abendkleider fiel der Reif.
Zähne klapperten wie Kastagnetten.
Frau von Cottas Brüste wurden steif.

Das Gebirge machte böse Miene.
Das Gebirge wollte seine Ruh.
Und mit einer mittleren Lawine
deckte es die blöde Bande zu.

Dieser Vorgang ist ganz leicht erklärlich.
Der Natur riß einfach die Geduld.
Andre Gründe gibt es hierfür schwerlich.
Den Verkehrsverein trifft keine Schuld.

Man begrub die kalten Herrn und Damen.
Und auch etwas Gutes war dabei:
Für die Gäste, die am Mittwoch kamen,
wurden endlich ein paar Zimmer frei.

Mit eleganten, versnobten Wintersporthotels
hatte Erich Kästner immer seine Probleme,
wie wir aus »Drei Männer im Schnee« wissen.

»Der letzte Mohikaner«

Im Kurhotel »Zum Wasserfall«
war gestern ein Apachenball.
Na, sehr lustig!

Ich ging mit nacktem Oberteil.
Und auf dem Rücken stand »Ski Heil!«
Zwecks Echtheit blieb ich unrasiert.
Die Augen waren blau verschmiert.
Den Smokingbinder trug ich als
vergess'ne Pracht am bloßen Hals.
Und als ich in den Spiegel sah,
war mir direkt das Weinen nah.
Na, sehr lustig!

Dann stieg ich trällernd in die Bar,
Wo der Betrieb im Gange war.
Ich jodelte, so gut es ging.
Der Widerhall war recht gering.
Und als ich durch die Türe trat,
da hatte ich schon den Salat.
Na, sehr lustig!

Die Herren trugen alle Lack,
die meisten Smoking, manche Frack.
Die Damen wirkten allesamt,
als kämen sie vom Standesamt.
Sie hatten alle, Mann für Mann,
die wundervollsten Kleider an.
Es duftete nach Boudoir.
Und war doch die Apachen-Bar!
Da stand ich, gräßlich angehost,
und sagte zu mir selber: Prost!
Na, sehr lustig!

Sie waren starr und sahen aus,
als käm ich frisch vom Irrenhaus.
Ich sah das ein. Und grüßte stumm.
Und kehrte auf der Stelle um.
Dann stieg ich rasch vor lauter Zorn,
so wie ich war, aufs Nebelhorn …
Seitdem lieg ich im Ortsspital.
Apachenball? Das letztemal!

»Überflüssige Warnung«

Man erzählte ihm von ihr jenes und dieses!
Sie sei ein Luder! Und man bewies es.
Sie sei die Kobra des Paradieses!
Eine Hexe trotz ihres goldenen Vlieses!
Sie bringe den stärksten Mann um, hieß es!
Er lächelte freundlich und sagte dann:
»Keine Angst. Ich bin nicht der stärkste Mann.«

ERICH KÄSTNER

»Sokrates zugeeignet«

Es ist schon so: Die Fragen sind es,
aus denen das, was bleibt, entsteht.

Denkt an die Frage jenes Kindes:
»Was tut der Wind, wenn er nicht weht?«

ERICH KÄSTNER

»Über den Nachruhm oder
Der gordische Knoten«

Den unlösbaren Knoten zu zersäbeln,
gehörte zu dem Pensum Alexanders.
Und wie hieß jener, der den Knoten knüpfte?
Den kennt kein Mensch.

(Doch sicher war es jemand anders.)

ERICH KÄSTNER

»Es läuten die Glocken«

Wenn im Turm die Glocken läuten
kann das vielerlei bedeuten.
Erstens, daß ein Festtag ist.
Dann: daß du geboren bist.
Drittens: daß dich jemand liebt.
Viertens: daß dich's nimmer gibt.
Kurz und gut, das Glockenläuten
hat nur wenig zu bedeuten.

ERICH KÄSTNER

»Der Lenz verschiebt seine Premiere«

Theater unten und Theater oben:
Erst kam die Sonne täglich zu den Proben,
und die Premiere war schon festgesetzt.
Da wurde sie (man kennt das ja) zuletzt
auf gänzlich unbestimmte Zeit verschoben.

Die kleinen Sträucher stehn gekränkt im Garten,
Komparserie muß eben immer warten.
Die Sonne, heißt es, sei indisponiert.
Das Stück vom Lenz wird später aufgeführt.
Was machen wir nun mit den Eintrittskarten?

Am Himmel hingen schon die ersten Geigen.
Die Veilchen übten sich schon im Verneigen.
Doch weil die Sonne noch nicht scheinen will,
spielt man derweil das alte Stück »April« –
so einen Schmarren wagt man uns zu zeigen!

Die Damen ließen sich bereits die netten
getupften Premierenkleider plätten.
Die dicken Herren riefen: »Gott sei Dank!«
und feuerten die Westen in den Schrank.
Und liegen jetzt mit Schnupfen in den Betten.

Wir führten unser Herz zu früh spazieren.
Nun regnet es. Und die Gefühle frieren.
Denn sie sind ohne Schirm. Und sind verwaist.
Fast wie ein Kind, das ganz vergaß, wie's heißt.
Man kann Geduld wie einen Knopf verlieren …

Mich läßt das kalt. Und wenn es morgen schneit,
der Frühling kommt schon noch. Ich habe Zeit.
Daß man den Lenz verschiebt, ist nicht so wichtig.
Hauptsache ist, die Aufführung wird richtig!
Denn – »die Billetts behalten Gültigkeit«.

»Ein paar neue Rekorde«

War früher irgendjemand mehr
als hundertfünfzig Kilo schwer,
empfanden unsre Eltern schon
den Kerl als tolle Sensation.

Man schlug um ihn herum ein Zelt
und zeigte ihn der ganzen Welt.
Es ändert sich der Zeiten Lauf:
Man regt sich heute schwerer auf.

Ich kenne einen, der hält den
Rekord im Aus-dem-Fenster-Sehn.
Die Menge steht vor seinem Haus.
Man füttert ihn mit rohem Ei.
Der Junge guckt seit Anfang Mai
andauernd aus dem Fenster raus!

Ich kenn auch den, der sich seit glatt
fünf Jahren nicht gewaschen hat!
Die Frauen rennen diesem Schwein
zu Hunderten die Bude ein.
Die Ufa hat ihn engagiert,
weil ihn Europa sonst verliert.

Erst sah ich seine dunkle Haut.
Und dann das Bild von seiner Braut.
Ihr Vater ist ein Millionär
und bat ihn telegraphisch sehr,
daß er die Tochter nehmen solle.
Weil sie sich sonst vergiften wolle.

Dann kenn ich den, der Tag und Nacht
seit 1918 lacht.
Er sagte mir, bei sich zu Hause,
in einer kleinen Atempause:

»Wenn ich mal nicht mehr lachen kann,
seh ich mir bloß die Menschen an.
Da kann ich gar nichts machen.
Ich seh sie – und muß lachen!«

*Erich Kästner hat natürlich die lachende Lyrik
nicht erfunden, er war nur ein wichtiger Fackelträger
in einer Stafette, die ungefähr 200 Jahre vor ihm
begonnen hat, und seitdem – den widrigsten
Umständen zum Trotz – unter steter Weiterreichung
der Fackel bis heute fortgesetzt wird. Aber die Ersten,
die bis dahin sakrosankte Einrichtungen wie
Kirche, Staat, Ehe und Moral mit einem skeptischen
und einem lachenden Auge betrachtet haben,
waren die Aufklärer, die Romantiker –
und gelegentlich sogar die Klassiker.*

»Ein Hurenhaus geriet in Brand«

Ein Hurenhaus geriet um Mitternacht in Brand
Schnell sprang, zum Löschen oder Retten,
Ein Dutzend Mönche aus den Betten.
Wo waren die? Sie waren – bei der Hand.
Ein Hurenhaus geriet in Brand

»Der Storch«

Der Storch, der sich von Frosch und Wurm
An unserm Teiche nähret,
Was nistet er auf dem Kirchenturm
Wo er nicht hingehöret?

Dort klappt und klappert er genug,
Verdrießlich anzuhören;
Doch wagt es weder Alt noch Jung
ihn in dem Nest zu stören.

Wodurch – gesagt mit Reverenz –
Kann er sein Recht beweisen,
Als durch die löbliche Tendenz
Aufs Kirchendach zu …

»Das Fräulein stand am Meere«

Das Fräulein stand am Meere
Und seufzte lang und bang
Es rührte sie so sehre
Der Sonnenuntergang

Mein Fräulein! Sein Sie munter,
das ist ein altes Stück:
Hier vorne geht sie unter
Und kehrt von hinten zurück.

»Freuden des jungen Werthers«

Ein junger Mensch, ich weiß nicht wie,
Starb einst an der Hypochondrie
Und ward denn auch begraben.
Da kam ein schöner Geist herbei,
Der hatte seinen Stuhlgang frei
Wie's denn so Leute haben.

Der setzt' sich notdürftig aufs Grab,
Und legte da sein Häuflein ab,
Beschaute freundlich seinen Dreck,
Ging wohl eratmet wieder weg,
Und sprach zu sich bedächtiglich:
»Der gute Mensch wie hat er sich verdorben!«
Hätt er geschissen so wie ich,
Er wäre nicht gestorben!«

Und die Stafette geht weiter. Nur ein paar Wochen nach Goethes Tod wird ein Mann geboren, der eine besonders hell leuchtende Fackel durch das Lachen in der deutschen Dichtung tragen wird. Eine erstaunliche Doppelbegabung: Dichter und Zeichner. Ein Phänomen, dem wir bei späteren Fackelträgern immer wieder begegnen werden. Aber er war – wenn man will – der Erfinder der Comicstrips: Wilhelm Busch.

»Die erste alte Tante sprach«

Die erste alte Tante sprach:
»Wir müssen nun auch dran denken,
Was wir zu ihrem Namenstag
Dem guten Sophiechen schenken.«

Drauf sprach die zweite Tante kühn:
»Ich schlage vor, wir entscheiden
Uns für ein Kleid in Erbsengrün,
Das mag Sophiechen nicht leiden.«

Der dritten Tante war das recht:
»Ja«, sprach sie, »mit gelben Ranken!
Ich weiß, sie ärgert sich nicht schlecht
Und muss sich auch noch bedanken!«

»Wirklich, er war unentbehrlich«

Wirklich, er war unentbehrlich!
Überall, wo was geschah
Zu dem Wohle der Gemeinde,
Er war tätig, er war da.

Schützenfest, Kasinobälle,
Pferderennen, Preisgericht,
Liedertafel, Spritzenprobe,
Ohne ihn, da ging es nicht.

Ohne ihn war nichts zu machen,
Keine Stunde hatt' er frei.
Gestern, als sie ihn begraben,
War er richtig auch dabei.

»Es sitzt ein Vogel auf dem Leim«

Es sitzt ein Vogel auf dem Leim,
Er flattert sehr und kann nicht heim.
Ein schwarzer Kater schleicht herzu,
Die Krallen scharf, die Augen gluh.
Am Baum hinauf und immer höher
Kommt er dem armen Vogel näher.
Der Vogel denkt: Weil das so ist,
Und weil mich doch der Kater frißt,
So will ich keine Zeit verlieren,
Will noch ein wenig quinquilieren
Und lustig pfeifen wie zuvor.
Der Vogel, scheint mir, hat Humor.

Und die Fackel wird weitergereicht: Knapp ein Jahr
nach dem Tod von Wilhelm Busch wird in Riga ein
Mann geboren, dem für seine Gedichte ein völlig neues
Medium zur Verfügung steht: Sie erscheinen nicht nur
im Druck, werden nicht nur auf diversen Bühnen und
Podien gelesen, nein, er selbst trägt sie immer wieder
zur großen Freude seines Publikums vor –
im Fernsehen: Heinz Erhardt.

»Die Made«

Hinter eines Baumes Rinde
wohnt die Made mit dem Kinde.

Sie ist Witwe, denn der Gatte,
den sie hatte, fiel vom Blatte.
Diente so auf diese Weise
einer Ameise als Speise.

Eines Morgens sprach die Made:
»Liebes Kind, ich sehe grade,
drüben gibt es frischen Kohl,
den ich hol. So leb denn wohl!
Halt, noch eins! Denk, was geschah,
geh nicht aus, denk an Papa!«

Also sprach sie und entwich –
Made junior aber schlich hintendrein;
doch das war schlecht!
Denn schon kam ein bunter Specht
und verschlang die kleine fade
Made ohne Gnade. Schade!

Hinter eines Baumes Rinde
ruft die Made nach dem Kinde …

»Kolumbus«

Als Kolumbus von seiner Amerikafahrt
nach Spanien heimkam mit Gold und mit Bart
und, hochgeehrt und umjubelt, schritt
durch die Hauptstadt des Landes, nämlich Madrid,
entdeckte er plötzlich da drüben rechts
eine hübsche Person femininen Geschlechts.
Bei ihrem Anblick – was ist schon dabei? –
entschlüpfte ihm was und zwar das Wort »ei« …

Seitdem sind die Forscher sich darüber klar,
daß das das »Ei« des Kolumbus war!

»An einen Nichtschwimmer«

Du kannst nicht schwimmen? Ah, deshalb kriegen
dich nicht Baldrian, nicht Kampfer
auf einen Dampfer!
Doch neulich hast du ein Flugzeug bestiegen!
Kannst du denn fliegen?

»Ein Naßhorn«

Ein Naßhorn und Trockenhorn
die spazierten durch die Wüste,
da stolperte das Trockenhorn,
unds Naßhorn sagte: »Siehste!«

HEINZ ERHARDT

»Das Steckenpferd«

Der eine liebt Konkretes nur,
der andere das Abstrakte,
der dritte schwärmt für die Natur
und deshalb für das Nackte.
Der vierte mag nur Fleisch vom Schwein,
der fünfte Milch und Eier,
der sechste liebt den Moselwein,
der siebte Fräulein Meier.
Für jeden gibt es was von Wert,
für das er lebt und streitet!
Ein jeder hat sein Steckenpferd,
auf dem er immer reitet.

»Warum die Zitronen sauer wurden«

Ich muß das wirklich mal betonen:
Ganz früher waren die Zitronen
(ich weiß nur nicht genau mehr, wann dies
gewesen ist) so süß wie Kandis.

Bis sie einst sprachen: »Wir Zitronen,
wir wollen groß sein wie Melonen!
Auch finden wir das Gelb abscheulich,
wir wollen rot sein, oder bläulich!«

Gott hörte oben die Beschwerden
und sagte: »Daraus kann nichts werden!
Ihr müßt so bleiben! Ich bedauer!«
Da wurden die Zitronen sauer …

»Die Kellermaus«

Es wollte eine kleine Maus,
im Keller wohnhaft, hoch hinaus.
Und eines Nachts auf leisen Hufen,
erklomm sie achtundneunzig Stufen
und landete mit Weh und Ach
ganz oben, dicht unter dem Dach.
Dort oben wartete bereits auf sie
die Katze, namens Doremi.

Kaum, daß das Mäuslein nicht mehr lebte,
geschah's, daß eine Fledermaus
ein paarmal um die Katze schwebte,
zur Luke flog und dann hinaus.
Da faltete die Katz', die dreiste,
die Pfoten und sprach: »Ei, wie süß!
Da fliegt die Maus, die ich verspeiste,
als Engelein ins Paradies!«

Tiere haben die Lyriker immer besonders inspiriert,
die ernsten – und die weniger ernsten
und auch den Ernst Jandl!

»Ottos Mops«

ottos mops trotzt
otto: fort mops fort
ottos mops hopst fort
otto: soso

otto holt koks
otto holt obst
otto horcht
otto: mops mops
otto hofft

ottos mops klopft
otto: komm mops komm
ottos mops kommt
ottos mops kotzt
otto: ogottogott

In München schnappte sich ein Mann die Fackel,
untersuchte sie neugierig, drehte sie verwundert immer
wieder um, und man sah plötzlich die Dinge, wie man
sie vor ihm noch nie gesehen hatte: Karl Valentin!

KARL VALENTIN

»Eine Moritat im Großstadtdunkel«

's war mal ein Mann und seine Gattin,
Doch alle beide taugten nichts,
Da wollt er seine Frau ermorden:
Das war der Plan des Bösewichts.
's war finstre Nacht – mit der Pistole
Ins Zimmer er zu seiner Gattin kroch:
Doch traf er s' nicht – es war zu finster,
Nur durch die Wand schoss er ein tiefes Loch.

Die andern Leute, neben in dem Zimmer,
Die fanden andern Tags ein Stückchen Blei:
Das muss von einem Mordversuch herrühren,
Man holte gleich die hohe Polizei.
Die Polizei tat dann das Loch betrachten
Und auch sodann das kleine Stückchen Blei,
Und hat auch sofort herausgefunden,
Dass das a abgeschossne Kugel sei.

Die Polizei sah durch das Loch hinüber
Und sie behauptete es ganz gewiss,
Dass diese Kugel unbedingt von drüben
Durch dieses Loch herüber gflogen is'.
Die Polizei ging schleunigst nun hinüber,
Und siehe da, nun war es ganz gewiss,

Dass diese Kugel gänzlich ohne Zweifel
Von hier hinüber gschossen worden is.

Nun ging man dran, den Mörder aufzusuchen,
Man hat durchsucht beinah das ganze Haus,
Doch schließlich hat man es dann aufgegeben,
Denn wie es schien – war der gar nicht zu Haus.
Die Polizei nahm einen weißen Zettel
Und schrieb darauf, dass sie jetzt geht,
Der Mörder soll bestimmt zu Hause bleiben
Weil sie dann morgen wieder kommen tät.

Als andern Tags – genau wie sie versprochen –
Die Polizei kam wieder in das Haus,
Da war die Polizei doch sehr verwundert,
Denn da war wieder niemand z'Haus.
Und auf dem weißen Zettel stand geschrieben –
Das war der Polizei dann doch zu barsch –
Da stand geschrieben – dreimal unterstrichen:
»Die Polizei – – – sie lebe dreimal hoch!«

*Nichts bringt die Fackel der lachenden Lyrik so zum
Aufflammen wie heftiger politischer Gegenwind.
Während Valentin in München die Gedanken auf den
Kopf stellte und auseinandernahm, wie Kinder eine
Puppe, schrieb und kämpfte in Berlin der dichtende
Anarchist Erich Mühsam – dem die Haltung der
deutschen Sozialdemokratie im Kampf gegen den
aufkommenden Faschismus zu lax und
zu wenig konsequent war!*

ERICH MÜHSAM

»Der Revoluzzer (Der deutschen Sozialdemokratie gewidmet)«

War einmal ein Revoluzzer,
im Zivilstand Lampenputzer;
ging im Revoluzzerschritt
mit den Revoluzzern mit.

Und er schrie: »Ich revolüzze!«
Und die Revoluzzermütze
schob er auf das linke Ohr,
kam sich höchst gefährlich vor.

Doch die Revoluzzer schritten
mitten in der Straßen Mitten,
wo er sonsten unverdrutzt
alle Gaslaternen putzt.

Sie vom Boden zu entfernen,
rupfte man die Gaslaternen
aus dem Straßenpflaster aus,
zwecks des Barrikadenbaus.

Aber unser Revoluzzer
schrie: »Ich bin der Lampenputzer
dieses guten Leuchtelichts.
Bitte, bitte tut ihm nichts!

Wenn wir ihn' das Licht ausdrehen,
kann kein Bürger nichts mehr sehen.
Laßt die Lampen steh'n, ich bitt!
Denn sonst spiel ich nicht mehr mit!«

Doch die Revoluzzer lachten,
und die Gaslaternen krachten,
und der Lampenputzer schlich
fort und weinte bitterlich.

Dann ist er zuhaus geblieben
und hat dort ein Buch geschrieben:
nämlich, wie man revoluzzt
und dabei doch Lampen putzt.

Die Situation in Wien im Jahre 1934 – übrigens jenes Jahr, in dem Erich Mühsam im KZ Oranienburg ermordet wurde – inspirierte Karl Farkas zu der nun folgenden zeitlosen politischen Parabel.

»Schnee«

Im vereisten Wartehäusl
steht der greise Greisler Kneissl.
Neben ihm Herr Stefan Hlawa,
Großdeutscher aus Bratislava.
Und als dritter Turl Moser,
enragierter Arbeitsloser.
Stumm, mit potenziertem Hamweh
späht ihr Auge nach der Tramway.
Kein Ring-Rund, kein A, kein B
nichts als Schnee.

»Jessasna«, stöhnt da Herr Kneissl,
»ich müßt dringend schon aufs Häusl!
Was ich mich aber nicht traue,
sonst verkommt die letzte Blaue!
Weg'n dem blöden Schneeverwehn
kann man hier zwei Stunden stehn!
Was wohl die Gemeinde treibt,
statt zu säubern, wenn es schneibt!
Schuld an allem absolut
ist das Rathaus und der Jud'!«

Doch da brüllt schon Turl Moser,
und sein Blick wird furioser:
»So, und was macht die Regierung,
außer ihrer Schmähsanierung?
Können nicht die schwarzen Teufeln
auch den Schnee zu Häufeln häufeln?
Stellt's die Kerls mit den Soutanen
aufs Geleis der Straßenbahnen!
Psalmen singen sie beseligt,
während meterhoch der Schnee liegt!«

Ha, wie flammt da Stefan Hlawa,
heiß, wie frisch gegor'ne Lava,
und er ruft in edlem Grimme:
»So was nennt sich Volkes Stimme!
Während uns die roten Steuern
fast die Haut vom Leibe scheuern,
muß man Pülcher unterstützen,
die sich über'n Schnee erhitzen,
und beteilt noch das Gesindel
gratis selbst mit Kinderwindel!
Odin, strafe diesen Kauz da – mauzda!«

Da erhält er auf der Stelle
rasch von Turl eine Schelle,
während Kneissl enragiert
wieder jenem eine schmiert,
Moser, der das nicht verträgt,
ihm das Nasenbein zerschlägt.
Dafür tritt ihn stracks der Greis
unerwartet in den Steiss.
Raufend sind sie ausgeglitten –
in dem Schnee, um den sie stritten.
Dreh'n sich wie verrückte Kreisel,
Moser, Hlawa und Herr Kneissel.
Und beim Lärm diverser Haue –
fährt vorbei die letzte Blaue!

Durch das Wien der Zwischenkriegszeit
geisterte ein Dichter, dessen Skurrilität Valentin in
nichts nachstand und der seit vielen Jahren zu meinen
absoluten Lieblingen zählt: Peter Hammerschlag!

»Die Schwergewichts-Maitresse«

Wie schön war der Geburtstagstisch!
Links Veilchen im Kristallgefäß
Und rechts der Tausenddollar-Wisch
Und dann: die Schwergewichts-Maitresse.

Sie legte still den Mantel ab,
Hieß Olga, und man sah sofort,
Daß sie noch vor zwei Wochen knapp
Ein Walroß war im Tromsö-Fjord.

Beim Strumpfband schon begann die Qual:
Ein Schraubenzieher bog sich schief –
So träge lag der Reif aus Stahl
Im Schenkel dezimetertief.

Der Nachttischlampe Marmor-Eck
Drang sanft in ihren Oberarm,
Und lange blieb im kühlen Speck
Mein Fingerabdruck rosig warm.

Der Brüste Spitzen wie Rubin …
Die Fleischprärie lag schweigend da,
Wie wenn Signallaternen glühn
Dem Nordexpress durch Kanada …

Wer nie mit Steinbruch Unzucht trieb,
Der ahnt nicht, wie sie mich begrub.
Doch hatte mich der Steinbruch lieb
Und flüsterte: »Mein armer Bub!«

Ich weiß nicht, wen sie jetzt besitzt.
War ich mit ihr, war ich allein,
Von ihr umflossen und beschützt,
Wie Käfer hockt im Bärenstein.

»Kaffee-Klatsch«

Warst du auch bei der Regatta?
Ja, am Attersee mit Vatter.
Stiegst du dann auf die Silvretta?
Mit mir kletterte mein Vetter!
Dort kam sicher ein Gewitter?
Ja, sehr bitter – mit Gezitter!
Jagtest du in Schottland Otter?
Ja, die flotten Schottenotter!
Wohin fuhr dann deine Mutter?
Nach Kalkutta mit dem Kutter.
Nahmst ein Heilbad du mit Latschen?
Ja, in Patschen mußt ich hatschen.
Gingst zum Schutzhaus du am Ötscher?
Im Geplätscher bis zum Gletscher!
Warst du in Vöslau beim Bridgen?
Wo die Wasserflietschen quietschen.
Wurdst in Salzburg du gewoschen?
Sonn erloschen. Nur Galoschen.
Tatst nach Fuschl du dich hutschen?
Auf der Wasser-Rutschen knutschen!
Was? Die Lou hat Fred verlassen?
Mit Grimassen: Leere Kassen!
Hat der Rudi noch Mätressen?
Ja, zum Fressen, voll Finessen.

Wird die Frau das ansehn müssen?
Von den Küssen muß sie wissen!
Sie verließ ihn in Custozza!
Ja, der Rotzer war ein Protzer.
Putzi ließ das Haar sich stutzen?
Für die Räuber der Abruzzen!
VATTER ATTERSEE REGATTA
EIN SILVRETTAVETTER KLETTER
EIN GEWITTER ZITTER BITTER
TOTER FLOTTER SCHOTTENOTTER
ÖTSCHERGLETSCHER MIT GEPLÄTSCHER
WASSERFLIETSCHEN QUIETSCHEN BRIDGEN
IN GALOSCHEN GOSCHEN WOSCHEN
WASSER-RUTSCHEN HUTSCHEN KNUTSCHEN
MIT GRIMASSEN KASSEN LASSEN
FRESS-MAITRESSEN VOLL FINESSEN
VON DEN KÜSSEN WISSEN MÜSSEN
IN CUSTOZZA POTZER ROTZER
FÜR ABRUZZEN PUTZI STUTZEN
NACH KALKUTTA MUTTER KUTTER
UND IN LATSCHEN PATSCHEN HATSCHEN.

… das kommt raus, wenn Weiber tratschen …

Zweiter Teil

Im Herbst 1962 wurde die deutsche Medienland-
schaft durch zwei Ereignisse mit Langzeitwirkung
erschüttert. Im September erschien die erste Nummer
einer neuen satirischen Monatszeitschrift, die bald das
meistgelesene Blatt seiner Art in Europa werden sollte:
»Pardon«. Sie hatte es sich zum Ziel gesetzt, die ver-
krusteten Strukturen der späten Adenauer-Administ-
ration durch Humor, Witz, Philosophie, durch Wort
und Bild aufzubrechen.

Wie verkrustet diese Strukturen tatsächlich waren,
zeigte sich nur wenige Wochen später, als im »Spie-
gel« ein kritischer Beitrag über die mangelnde Ab-
wehrbereitschaft der Bundeswehr erschien. (Infor-
mationen für diesen Artikel hatte übrigens ein
besorgter Offizier des Heeres geliefert.) Es gelang
Adenauer und seinem Verteidigungsminister Franz
Josef Strauß tatsächlich, eine Anklage wegen Lan-
desverrats zu erwirken. Die »Spiegel«-Redaktionen
wurden von der Polizei gestürmt, Material wurde be-
schlagnahmt und etliche Redakteure verhaftet. Con-
rad Ahlers, der für den Artikel zuständige Redakteur,
sogar in Torremolinos, wo er mit seiner Frau Urlaub
machte.

Die Verhaftung geschah auf persönliche Intervention von Strauß beim deutschen Militärattaché in Franco-Spanien. Die Empörung über diesen massiven Angriff auf die Pressefreiheit und die Verletzung und Umgehung rechtsstaatlicher Prinzipien war enorm. Strauß musste als Minister zurücktreten und Adenauer definitiv das Ende seiner Kanzlerschaft bekannt geben. Letztlich ein hart errungener Sieg der spitzen Feder über das stumpfe Schwert.

Natürlich war die neue Zeitschrift für Strauß ein ebenso rotes Tuch wie der »Spiegel«. 18 Mal klagte Strauß im Laufe der Jahre »Pardon« – und 18 Mal verlor er. Gelegentlich ändern sich eben die Zeiten auch zum Guten.

Wie sehr sich die neue Zeitschrift ihren Vorläufern in der Stafette verbunden fühlte, zeigt die Tatsache, dass die Titelseite des ersten Heftes von Loriot entworfen wurde und Erich Kästner die Patenschaft übernahm.

Ab 1964 hatte »Pardon« die Nonsens-Beilage »WIMS: Welt im Spiegel«. Für die im Stil einer Provinzzeitung aufgemachte Doppelseite waren drei Studenten verantwortlich: Robert Gernhardt, F. K. Waechter und F. W. Bernstein. Alle drei – wieder einmal – Zeichner und Lyriker. Sie werden sich später noch ein paar Gleichgesinnte holen, wie Hans Traxler und Chlodwig Poth, die Neue Frankfurter Schule gründen und ihre eigene Zeitschrift »Titanic« herausgeben. Nichts und niemand war vor dem blitzenden Witz der drei Musketiere sicher – und die Gedichte von Robert Gernhardt wurden von Marcel Reich-Ranicki in den »Kanon lesenswerter deutscher Literatur« aufgenommen.

»Kleine Erlebnisse großer Männer«

Eines Tags geschah es Kant,
daß er keine Worte fand.

Stundenlang hielt er den Mund,
und er schwieg nicht ohne Grund.

Ihm fiel absolut nichts ein,
drum ließ er das Sprechen sein.

Erst als man zum Essen rief,
wurd' er wieder kreativ,

und er sprach die schönen Worte:
»Gibt es hinterher noch Torte?«

ROBERT GERNHARDT

»Rudolf Steiner«

Steiner sprach zu Thomas Mann:
»Zieh dir mal dies Leibchen an!«
Darauf sagte Mann zu Steiner:
»Hast du's auch 'ne Nummer kleiner?«

Kafka sprach zu Rudolf Steiner:
»Von euch Jungs versteht mich keiner!«
Darauf sagte Steiner: »Franz,
ich versteh' dich voll und ganz!«

Steiner sprach zu Hermann Hesse:
»Nenn mir sieben Alpenpässe!«
Darauf fragte Hesse Steiner:
»Sag mal, Rudolf, reicht nicht einer?«

Rilke sprach zu Rudolf Steiner
»Keiner ist so klein wie meiner!«
Tröstend meinte Steiner: »Rainer,
meiner ist vielleicht noch kleiner!«

Beckmann sprach zu Rudolf Steiner:
»Wird mein Bild nicht immer feiner?«
Darauf knurrte Steiner: »Beckmann,
wisch den Unfug lieber weg, Mann!«

»Selbstaussage«

Ich mach mir nichts aus Marschmusik,
ich mach mir nichts aus Schach.
Die Marschmusik macht mir zuviel,
das Schach zuwenig Krach.

»Basis und Überbau«

Die Basis sprach zum Überbau:
»Du bist ja heut schon wieder blau!«
Da sprach der Überbau zur Basis:
»Was is?«

ROBERT GERNHARDT

»Ökumenischer Dialog«

»Trinken ist ein Laster –
ist das klar, Herr Paster?«

»Alles klar, Herr Kaddinal –
dassselbe bidde nocheinmal!«

»Weil's so schön war«

Paulus schrieb an die Apatschen:
Ihr sollt nicht nach der Predigt klatschen.

Paulus schrieb an die Komantschen:
Erst kommt die Taufe, dann das Plantschen.

Paulus schrieb den Irokesen:
Euch schreib ich nichts, lernt erst mal lesen.

Diese Gernhardt-Variante der Paulusbriefe
wurde von einem Deutschprofessor und Gernhardt-Fan
seinen Schülern vorgelesen. Einer der Schüler war
so inspiriert, dass er Robert Gernhardt zu dessen
großem Entzücken eine von ihm verfasste
Zusatzstrophe schickte:

Paulus schrieb an die Navajo:
Oblate isst man nicht mit Majo!

Und Winfried Kraft schrieb seine eigene
Fassung der Paulus-Briefe.

WINFRIED KRAFT

»Paulus schrieb an die Apostel …«

Paulus schrieb an die Apostel:
»Ich taufe alle Frauen Chrostel!«
Doch Petrus schrieb in die Epistel:
»Das heißt nicht Chrostel, sondern Christel.
Denn wenn ich gegen eins was habe,
Sinds Fehler nur dem Reim zulabe!«

Es fehlte den jungen Dichtern und Zeichnern durchaus nicht an Selbstbewusstsein:

»Gebet«

Lieber Gott, nimm es hin,
daß ich was Besond'res bin.
Und gib ruhig einmal zu,
daß ich klüger bin als du.
Preise künftig meinen Namen,
denn sonst setzt es etwas. Amen.

»Siebenmal mein Körper«

Mein Körper ist ein schutzlos Ding,
ein Glück, daß er mich hat.
Ich hülle ihn in Tuch und Garn
und mach' ihn täglich satt.

Mein Körper hat es gut bei mir,
ich geb' ihm Brot und Wein.
Er kriegt von beidem nie genug,
und nachher muß er spein.

Mein Körper hält sich nicht an mich,
er tut, was ich nicht darf.
Ich wärme mich an Bild, Wort, Klang,
ihn machen Körper scharf.

Mein Körper macht nur, was er will,
macht Schmutz, Schweiß, Haar und Horn.
Ich wasche und beschneide ihn
von hinten und von vorn.

Mein Körper ist voll Unvernunft,
ist gierig, faul und geil.
Tagtäglich geht er mehr kaputt,
ich mach' ihn wieder heil.

Mein Körper kennt nicht Maß noch Dank,
er tut mir manchmal weh,
Ich bring ihn trotzdem übern Berg
und fahr' ihn an die See.

Mein Körper ist so unsozial.
Ich rede, er bleibt stumm.
Ich leb' ein Leben lang für ihn.
Er bringt mich langsam um.

ROBERT GERNHARDT

»Deutung eines allegorischen Gemäldes«

Fünf Männer seh ich,
inhaltsschwer –
wer sind die fünf?
Wofür steht wer?

Des ersten Wams strahlt
blutigrot –
das ist der Tod
das ist der Tod

Der zweite hält die
Geißel fest –
das ist die Pest
das ist die Pest

Der dritte sitzt in
grauem Kleid –
das ist das Leid
das ist das Leid

Des vierten Schild trieft
giftignaß –
das ist der Haß
das ist der Haß

Der fünfte bringt stumm
Wein herein –
das wird der
Weinreinbringer sein.

ROBERT GERNHARDT

»Folgen der Trunksucht«

Seht ihn an, den Texter.
Trinkt er nicht, dann wächst er.
Mißt nur einen halben Meter –
weshalb, das erklär ich später.

Seht ihn an, den Schreiner.
Trinkt er, wird er kleiner.
Schaut, wie flink und frettchenhaft
er an seinem Brettchen schafft.

Seht ihn an, den Hummer.
Trinkt er, wird er dummer.
Hört, wie er durchs Nordmeer keift,
ob ihm wer die Scheren schleift.

Seht sie an, die Meise.
Trinkt sie, baut sie Scheiße.
Da! Grad rauscht ihr drittes Ei
wieder voll am Nest vorbei.

Seht ihn an, den Dichter.
Trinkt er, wird er schlichter.
Ach, schon fällt ihm gar kein Reim
auf das Reimwort »Reim« mehr ein.

FRIEDRICH KARL WAECHTER

»Die Gams im fremden Forst …«

Die Gams erwacht im fremden Forst
und lag in einem Adlerhorst.
Sie sah sich um und sprach betroffen:
»Mein lieber Schwan! War ich besoffen!«

ROBERT GERNHARDT

»Schreiben, die bleiben
Höhepunkte abendländischer Briefkultur«

DER ABT VON SAN MARCO AN RAFFAEL

Verehrter Meister Raffael,
wir brauchen die Madonna, schnell!
Seit Monaten ist sie bezahlt,
bis heute hab'n Sie nichts gemalt.

PS Avanti!

RAFFAEL AN DEN ABT VON SAN MARCO

Hochverehrter Vater Abt,
ich begreif' nicht, was ihr habt.
Das Bild kommt mit dem Glockenschlag
um zwölf Uhr am Madonnastag.

PS Schickt Chianti!

LEKTOR LINCKE AN THEODOR FONTANE

Sehr geehrter Herr von Tame,
war das nicht Ihr werter Name?
Vor mir liegt ihr Buchvorschlag,
welcher – doch der Reihe nach.
Erstens ist er nicht zu brauchen –
eine Frage: Darf ich rauchen,
während ich hier weitermache?
Dankeschön. Doch nun zur Sache:
Das Manuskript, das Sie geschickt,
war in der Mitte eingeknickt,
sowie in Worten abgefaßt,
was nicht zu unserm Hause paßt.
Auch stören mich die vielen Us
in Ihrem Satz »Ulf ging zu Fuß.«
Ach ja – und Ihre Fragezeichen,
die sollten Sie wohl alle streichen.
Sie wirken derart krumm und rund,
so schlangenhaft und ungesund,
daß ich mich dauernd frage: Was
bezweckt, bewirkt und soll denn das?
Sodann Ihr Stil! Schon wenn man liest,
daß Ihre Heldin Effi briest,

ist Ihre Ignoranz erwiesen:
Die deutsche Sprache kennt kein »briesen«.
Doch nun was andres: Unser Haus
bringt grade eine Reihe raus,
die sich »So brummt der Deutsche« nennt –
ich bin ganz sicher, so was könnt'
durchaus in Ihre Richtung passen.
Woll'n Sie sich mal was einfall'n lassen?

In Erwartung Ihrer geschätzten Antwort
verbleibe ich
Mit frohem Gruß
Ihr Lektor Lincke

PS Ist es erlaubt, wenn ich was trinke?

»ERWIN SANDERS AN
BARON VON NORDEN«

Sehr geehrter Herr von Norden,
Sie sind jüngst gesehen worden,
wie Sie meine Frau beschliefen
und dabei um Hilfe riefen.
Ersteres will ich verzeihen,
wenn Sie mir Ihr Fahrrad leihen.
Doch fürs zweite soll'n Sie büßen,
dafür muß ich Sie erschießen.
Paßt es Ihnen morgen früh?
Hier bei mir? Und bringen Sie
auch das Fahrrad gleich mit her?
Ich will anschließend ans Meer,
und mein Moped streikt seit Tagen.
Schönen Dank. Ach ja: Und sagen
Sie mir kurz Bescheid,
falls es nicht klappt? Mir tät's leid.

Mit freundlichem Gruß
Ihr Erwin Sanders

PS Ich muß es tun. Es geht nicht anders.

ROBERT GERNHARDT

»Materialien zu einer Kritik der bekanntesten Gedichtform italienischen Ursprungs«

Sonette find ich sowas von beschissen,
so eng, rigide, irgendwie nicht gut;
es macht mich ehrlich richtig krank zu wissen,
daß wer Sonette schreibt. Daß wer den Mut

hat, heute noch so'n dumpfen Scheiß zu bauen;
allein der Fakt, daß so ein Typ das tut,
kann mir in echt den ganzen Tag versauen.
Ich hab da eine Sperre. Und die Wut

darüber, daß so 'n abgefuckter Kacker
mich mittels seiner Wichserein blockiert,
schafft in mir Aggressionen auf den Macker.

Ich tick nicht, was das Arschloch motiviert.
Ich tick es echt nicht. Und will's echt nicht wissen:
Ich find Sonette unheimlich beschissen.

»Dorlamm meint«

Dichter Dorlamm läßt nur äußerst selten
andre Meinungen als seine gelten.

Meinung, sagt er, kommt nun mal von mein.
Meine Meinung kann nicht deine sein.

Meine Meinung – ja, das läßt sich hören.
Deine Deinung könnte da nur stören.

Und ihr andern schweigt! Du meine Güte!
Eure Eurung steckt euch an die Hüte!

Laßt uns schweigen, Freunde, senkt das Banner!
Dorlamm irrt. Doch formulieren kann er.

»Was ist Elektrizität«

Dorlamm, um ein Referat gebeten,
hält es gern, um dies hier zu vertreten:

»Wenn das Ohm sie nicht mehr alle hat,
heißt es nicht mehr Ohm, dann heißt es Watt.

Jedoch nur, wenn's gradeliegt, liegt's quer,
heißt es nicht mehr Watt, dann heißt's Ampere.

Heißt Ampere, ja, wenn es liegt, nicht rollt,
rollt es nämlich, nennen wir es Volt.

Rollt ein Volt nicht mehr und legt sich quer,
heißt es wieder – wie gehabt – Ampere.

Heißt Ampere, wenn's sperrig liegt, liegt's glatt,
wird es – na wozu wohl schon? – zum Watt.

Wird zum Watt, zur Maßeinheit für Strom,
wenn's nicht alle hat. Sonst heißt es Ohm.«

Dorlamm endet, um sich zu verneigen,
doch er neigt sich vor betretnem Schweigen.

»Glaubt es nicht«, ruft Dorlamm, »oder glaubt es –
mir egal!« Und geht erhobnen Hauptes.

»Noch einmal: Mein Körper«

Mein Körper rät mir:
Ruh dich aus!
Ich sage: Mach' ich,
altes Haus!

Denk' aber: Ach, der
sieht's ja nicht!
Und schreibe heimlich
ein Gedicht.

Da sagt mein Körper:
Na, na, na!
Mein guter Freund,
was tun wir da?

Ach gar nichts! sag' ich
aufgeschreckt,
und denk': Wie hat er
das entdeckt?

Die Frage scheint recht
schlicht zu sein,
doch ihre Schlichtheit
ist nur Schein.

Sie läßt mir seither
keine Ruh:
Wie weiß mein Körper,
was ich tu?

F. W. BERNSTEIN

»Ein Zwischenfall«

Mangolds peinlichstes Erlebnis
war ein großes Staatsbegräbnis.
Ein Professor war gestorben,
der Verdienste sich erworben.
Nach der ersten Leichenrede
trat ein Trauergast, dem jede
Würde abging, dreist nach vorn,
schneuzte sich und roch nach Korn –
sagt': »Moment mal«, kriegt den Schluckauf –
und begann dann: »Welcher Zulauf!
So viel Leben bei 'ner Leiche –
es ist, wenn ich's mal vergleiche
wie die Raben bei dem Aas –
nichts für ungut – war nur Spaß!«
Darauf holt' er aus der Tasche
eine flache Weinbrandflasche,
öffnet sie, sagt laut »Hau-ruck«
und nimmt einen tiefen Schluck.
Fährt dann in der Rede fort:
»Leichenbrüder, auf ein Wort!
Diesen Schluck dem werten Toten,
dem Freund Hein den Suff verboten.
Prost! Und nehmt es mir nicht übel,
wenn ich gleich noch einen kübel.

Sterben ist schon eine Straf!
Daß es grade diesen traf,
ist für alle hier ein Glück.
Schaun wir deshalb nicht zurück!
Prost! 's ist schön, daß wir noch leben,
darauf laßt uns einen heben!
Seht, da drin liegt kalt und starr,
was einmal Professor war.
Ich bin nur ein schlichter Mann,
aber sehr viel besser dran.
Und doch, wenn ich's überlege …«
Hier wurd die Versammlung rege,
und zwei Männer holten stumm
den Störenfried vom Podium.
Und noch an den Ausgangsstufen
hat der Kerl zurückgerufen:
»Braucht die Witwe einen Trost –
soll sie zu mir kommen. Prost!«
Es erhob sich ein Tumult,
daran war der Redner schuld.
Vergiftet war die Atmosphäre.
Wer weiß, was noch geschehen wäre,
wenn nicht gleich ein Streichquartett
die Beisetzung gerettet hätt.

Was für die Lyrik die Liebeslyrik, ist für die lachende Lyrik die »lüsterne Lyrik«. Friedrich Wilhelm Schlegel, einer der führenden Köpfe der Aufklärung, Sprachwissenschaftler, führender Indologe, dessen Buch »Sprache und Weisheit der Inder« große Aufmerksamkeit erregte, Herausgeber der kritisch-ästhetischen Zeitschrift »Athenäum«, gemeinsam mit seinem Bruder August, betätigte sich auch als Aphoristiker und »lüsterner Lyriker« und schuf in dieser Funktion das folgende zauberhafte Sonett. Übrigens wurden auch seine Essays von Marcel Reich-Ranicki in dessen Kanon der deutschsprachigen Literatur aufgenommen.

»Erotische Sonette, Zweites Sonett«

Du meine Hand bist mehr als alle Weiber,
Du bist stets da, wie keine Frau erprobt,
Du hast noch nie in Eifersucht getobt,
Und bist auch nie zu weit, du enger Reiber.

Ovid, mein Lehrer weiland, hat dich recht gelobt,
Denn du verbirgst in dir ja alle Leiber,
Die ich mir wünsche, kühler Glutvertreiber,
Dir hab ich mir für immer anverlobt.

Ich stehe stolz allein mit dir im Raume
Und streichle meine bläulichrote Glans;
Schon quirlt sich weiß der Saft zum Schaume,

So zieh ich aus Erfahrung die Bilanz:
Die Zweiheit freut mich nur im Wollusttraume,
Sonst paart sich meine Faust mit meinem Schwanz.

»Jeder hat einen«

Jeder hat einen

der fahrradfahrer hat
einen fahrradständer

der weihnachtsmann
hat einen christbaumständer

der zeitschriftenhändler
hat einen zeitungsständer

usw.

nur der photograph
hat eine stativ

»Ermunterung«

Hallo, süße Kleine,
komm mit mir ins Reine!

Hier im Reinen ist es schön,
viel schöner, als im Schmutz zu stehn.

Hier gibt es lauter reine Sachen,
die können wir jetzt schmutzig machen.

Schmutz kann man nicht beschmutzen,
laß uns die Reinheit nutzen.

Sie derart zu verdrecken,
das Bettchen und die Decken.

Die Laken und die Kissen,
daß alle Leute wissen:

Wir haben alles vollgesaut
und sind jetzt Bräutigam und Braut.

»Unzeitgemäße Verse«

In jeder Frau da steckt
ein Sexualobjekt
das muß der Mann erwecken.
Sonst bleibt es in ihr stecken.

F. W. BERNSTEIN

»Von den erogenen Zonen«

I
Von den siebzehn Körperteilen
nenne ich zuerst die geilen:
Daumen, Gaumen, Busen, Mund,
Nabel, Schniedel, Wadel, und
da war doch noch so ein Teil,
den vergeß ich immer, weil,
er hat einen wüsten Namen,
einen häßlichen, infamen.
Er heißt ähnlich wie das Ding,
das meist gar nicht mehr abging –
gleich fällt mir der Name ein:
s'wird wohl die Brustwarze sein.

II
Zwischen Knie und Sockenrand
ist erotisch ödes Land.
Schön ist zwar die Wade,
doch sie bringt's nicht. Schade.

III
Viele Freude bringt der Fuß,
den man vorher waschen muß –
Auch der Stiefelfetischist
liebt den Fuß nicht, wie er ist;
hat ihn gern im Schuh –
und du?

IV
Dinge wie das Unterhemd
sind eigentlich körperfremd,
doch tut selbst ein alter Hut
oft erotisch noch sehr gut;
magst in besonders heißen
Nächten in die Krempe beißen.
Kannst ihn küssen, kannst ihn knüllen,
ihn mit Lust und Liebe füllen –
Herz, mein Herz, was willst du mehr?
Etwa noch Geschlechtsverkehr?

V
Mancher Herr hat solche Stellen,
die bei der Berührung schwellen;
Beulen, die am Kopf entstehn,
sind nur selten erogen.

Andre Teile wieder schrumpeln,
wenn sie aufeinanderpumpeln.
Beispielsweise das Plumeau
und das Diskussionsniveau.

Was auch zusammenschrumpfen tut
gerade in der höchsten Glut,
ist das Brikett
und die Zigarett.

VI
Erogen ganz ohne Frage
ist die Stereoanlage.
Den, der dran rummachen darf,
macht sie fickerig und scharf.

VII
Manche sagen jetzt, es fehle
auf der Liste noch die Seele.
Seele, Seele fehlt nicht, weil
Seele ist total echt geil.

Erotisches durch die Augen einer Frau
und aus der Feder von Hugo Wiener
im folgenden Gedicht.

»Ich kann den Novotny nicht leiden«

In unserem Haus, gleich die Tür nebenan,
Da wohnt der Novotny, ein lediger Mann.
Er ist ein' Kopf größer. Sie sag'n, das ist schön?
Ich glaube, da hab'n Sie den Kopf noch nicht g'sehn.
Er grüßt mich »Bonjour«, wenn wir manchmal uns
    seh'n.
Ich dank' nicht, ich muß ja nicht Englisch verstehn.
Ich möcht' die Bekanntschaft vermeiden –
Ich kann den Novotny nicht leiden.

Da einmal sprach er auf der Straße mich an,
Am folgenden Sonntag traf ich ihn sodann!
Am Abend ging er in ein Gasthaus mit mir.
Ich nahm eine Suppe und zwei Flaschen Bier,
Ein Gulasch, ein' Braten und zehn Bäckerei'n,
Ein' Roquefort mit Butter und drei Viertel Wein.
Dabei bin ich sonst so bescheiden.
Aber ich kann den Novotny nicht leiden.

Der Mann ist nicht schön, und er ist nicht gescheit.
Doch hab' ich an ihn mich gewöhnt mit der Zeit.
Wir war'n oft im Kino, das ist ja nicht schlimm –
Und heute, da hab' ich drei Kinder von ihm.
Den Hansl, den Franzl und die Katharin.

Doch wenn der jetzt denkt, desweg'n heirat' ich ihn,
Da wird sich der Blödian schneiden –
Ich kann den Novotny nicht leiden!

KLAUS CÄSAR ZEHRER

»Casanovas Nordlandreise – Ein Erotikon in zwölf Epsioden«

Auf dem gesamten Apennin
war er in jeder schon mal drin,
deshalb zog er im Jänner –
in einer Hand zwölf rote Rosen
und in der andern seine Hosen –
übern Brenner.

Er schenkte jeder Frau in Kufstein
zur Probe einen Beischlafgutschein,
gültig im Februar.
Die Resonanz war äußerst müde,
weil Kufstein nämlich eine prüde
Scheißstadt war.

In Stuttgart, Ulm und Biberach
war das Interesse gleichfalls schwach,
dort weilte er im März.
Es ist ein ehernes Gesetz:
Die geilsten Weiber wohnen stets
anderwärts.

Breitbeinig stakte er durch Füssen
mit weichem Keks und harten Nüssen,
man schrieb nunmehr April.
Ach!, ewig drängt zur Frau der Mann,
und, leider!, nicht ein jeder kann,
der will.

Sein Herz, sein Herz war furchtbar traurig,
doch lustig leuchtete in Aurich
der Wonnemonat Mai.
Die ganze Welt sang Liebeslieder,
nur ihm hing das Gemächt hernieder
wie Blei.

Im wunderschönen Paderborn,
wär er um ein Haar Vater wor'n,
das war im Monat Juno.
Jedoch die Maid, in deren Schoß
sich seine heiße Lust ergoss
hieß Bruno.

Bei Altona auf der Chaussee,
da taten ihm die Eier weh,
s'war Juli schon inzwischen.
So trat er einen Schritt beiseit'
und schenkte seine Herrlichkeit
den Büschen.

In Günzburg hat er sich geschickt
in eine Schinkenwurst gedrückt,
indessen war's August.
Ein Mann, so will es die Natur,
kennt eine Handlungsregel nur:
Du mußt.

In Ludwigslust hat er's vollbracht
elf Mal in einer einz'gen Nacht,
September war's im Land.
Elf Mal ekstatisch wildes Schrei'n,
Dann schlief sie vor Erschöpfung ein,
die Hand.

Im Oktober und in Emden
entzückten seine steifen Hemden
das ganze Königshaus.
Doch als die Königin bemerkte,
womit er seine Hemden stärkte,
flog er raus.

Im traurigen Monat November war's
da saß er still in Hafenbars
der großen Seestadt Leipzig
und schrieb voll Trübsinn ein Gedicht:
»Wer jetzt allein ist, niemals nicht
beweibt sich.«

Am Heiligabend rief er aus:
»Am schönsten ist es doch zu Haus!«,
lief los, und zu Silvester
lag er bereits, der Triebnot ledig,
in seiner Heimatstadt Venedig
auf seiner Schwester.

Das letzte Gedicht ist einem faszinierenden
Schauspieler und lieben Freund gewidmet:
Karlheinz Hackl. Er hat es unzählige Male
bei unseren gemeinsamen Abenden gelesen.
Es war sein Lieblingsgedicht.

»Das Mieder mit den Spatzen«

Ihr Mann war kahl und glänzend glatt,
Er konnte sich kaum kratzen.
Und sie, sie haßte nichts so sehr,
Wie spiegelblanke Glatzen.
Doch als sie ihn zum Gatten nahm,
Da war noch voll die Mähne.
Noch schlank der wohlgeformte Leib,
Der Mund noch voller Zähne.
Jetzt aber ist er fett und rund,
Glatt glänzt des Hauptes Platte,
Und nur des Tags erfreuet sich
Am Zahngebiß der Gatte.

Na, meistens schläft man ja des Nachts,
So daß in diesem Falle
Der Mangel nicht so fühlbar ist
Wie etwa auf 'nem Balle.
Doch in der Ehe kommt es vor,
Daß selbst beim Willen
Der eine Teil nicht schlafen kann,
Geplagt von tausend Grillen.
Er weckt dann meist den andern auf
Nach Sitten und Gebräuchen,
Und sucht sich mit dem andern dann

Die Grillen zu verscheuchen;
Was oft in kurzer Zeit gelingt,
Mitunter dauert's länger,
Ja, und ab und zu gelingt's vorbei,
Wenn heiser ist der Sänger.
Und wenn es dann noch zahnlos ist,
Muß das die Liebe schwächen,
Denn, wenn es auch ganz dunkel ist,
Man merkt es doch beim Sprechen.

Und da nun unser Glatzenheld
Oft heiser war seit Jahren,
So mußte sich die Gattin meist
Das Nachtgespräch ersparen.
Doch als das beinah chronisch ward,
Und sie erst dreißig zählte –
Sie zählte achtunddreißig zwar,
Doch achte sie verhehlte –
Da suchte sie Gesprächsersatz
Und hat ihn schnell gefunden
Bei einer Wirtin wundermild,
Die Zimmer gab auf Stunden.

Erst war sie mehr als wählerisch,
Doch hat sich das gegeben,
Das Äuß're übersah sie bald,
Ihr lag nur am Bestreben.
Die Wirtin hatte leichtes Spiel,
Ihr Gatten zuzuführen,
Und sie, sie lauschte mehr als gern
Den heißen Männerschwüren.
Im letzten Sommer reisten sie,
Die Gattin und der Gatte,
Nach Wien, der schönen Donaustadt,
Wo er Verwandte hatte.
Dort sahen sie, am Graben war's,
In einem Fenster stehen
Ein Damenmieder, preisgekrönt,
Wie sie noch keins gesehen:
Auf schneeig weißem Seidengrund
Erblickte man in Farben
Ein Dutzend Spatzen, lebensgroß,
Die liebend sich umwarben.
Sie war entzückt und wußte bald
Den Gatten zu beschwatzen,
Für hundert Gulden ward gekauft
Das Mieder mit den Spatzen.

Als sie nach Haus zurückgekehrt,
Besuchte sie gleich wieder
Die edle Wirtin, wundermild,
mit ihrem Vögelmieder.
Sie traf dort einen Kavalier,
Den das Korsett entzückte
Und der sie samt der Spatzenwelt
An seinen Busen drückte.
Zwei Tage später ging ihr Mann
Wie immer Billard spielen,
Da ward ein Herr ihm vorgestellt,
Und beide sich gefielen.
Man ging zum Schluß in eine Bar,
Zu sumpfen und zu schwatzen,
Als plötzlich jener Herr erzählt
Vom Mieder mit den Spatzen.
Dem Gatten wurde furchtbar heiß,
Er trank schnell eine Brause,
Dann nahm er Abschied von dem Herrn
Und lief voll Wut nach Hause.
Erst tötete er sie im Geist,
Dann ließ er sich nur scheiden,
Dann aber wollte er sie nur
Für alle Zeiten meiden.

Der Weg war weit, die Luft war kühl,
Und er ein Seifensieder –
Und eigentlich war doch nur schuld
Das preisgekrönte Mieder!

Er hat verzieh'n, doch sie mußte,
Um jeden Streit zu schlichten,
Das Mieder in derselben Nacht
Mit Stumpf und Stiel vernichten.
Am Küchenherde standen sie,
Die Tränen rannen nieder,
Er weinte um sein Eheglück,
Sie um ihr Spatzenmieder.
Bald war der letzte Rest verbrannt,
Verkohlt ein Dutzend Spatzen,
Zur Friedenspfeife wurden dann
Die eh'lichen Matratzen.

Seit jenem Tag betrog sie nie
Den edlen Gatten wieder,
Aus Reue und aus Pflichtgefühl
Mit ihrem Spatzenmieder.
Sie war jetzt treu wie pures Gold
Dem Gatten mit der Glatz'n,
Und sagte mir am nächsten Tag:
»Es geht auch ohne Spatz'n.«

Peter Hammerschlag brachte die »lüsterne Lyrik«
auf den kleinsten gemeinsamen Nenner.

»Mir ins Stammbuch«

Ich liebe zärtliche Blondinen
Und läge schrecklich gern auf ihnen.
Sie weigern sich. Auch die Brünetten
Sind gern allein in ihren Betten.
Die Schwarzen gleichfalls, die ich möchte,
Versagen mir die kleinsten Rechte.
Und auf den Bettchen von die Roten
Steht: »Eintritt Hammerschlag verboten.«
Mensch, bleibe was du bist:
Onanist.

Anhang

Die Dichter

Oskar Ansull
(29.5.1950 als Uwe Hartmann in Celle) ist freier Schriftsteller, Lyriker und Rezitator. Ansull produziert zahlreiche Rundfunksendungen für Radio Bremen sowie den NDR und ist Gründungs- und Ensemble-mitglied des Kleinkunsttheaters *hebebühne* in Hannover.

F. W. Bernstein
(4.3.1938 als Fritz Weigle in Göppingen) ist Humorist, Dichter und Zeichner. Zusammen mit unter anderen Robert Gernhardt und Friedrich Karl Waechter begründete er die *Neue Frankfurter Schule*. Er schrieb für die Zeitschriften *pardon* sowie *Titanic*. Bernstein gilt als Meister der Nonsens-Lyrik.

Wilhelm Busch
(15.4.1832 Wiedensahl – 9.1.1908 Mechtshausen) war Mitarbeiter der *Fliegenden Blätter* und des *Münchner Bilderbogen*. Er wurde durch seine Bildergeschichten (*Max und Moritz*, *Die fromme Helene* …) weltberühmt. Buschs humoristischer, satirischer und pointierter Schreibstil machte ihn zu einem Klassiker der deutschen Literatur sowie zu einem Vorreiter des Comics.

Heinz Erhardt

(20.2.1909 Riga – 5.6.1979 Hamburg-Wellingsbüttel) sammelte in Leipzig erste Erfahrungen als Stegreifkomiker. 1938 gelang ihm im Berliner *Kabarett der Komiker* der Durchbruch. Nach 1945 große Erfolge beim Radio, in Theater, Film und Fernsehen sowie als Buchautor. 1971 musste er aufgrund eines Schlaganfalls seine Karriere beenden.

Karl Farkas

(28.10.1893 Wien – 16.5.1971 Wien) war ein österreichischer Schauspieler, Regisseur, Schriftsteller, Kabarettist und Kabarett-Leiter. Ab 1920 war er an der *Neuen Wiener Bühne*, dann am Wiener Kabarett *Simpl* tätig. 1926 übernahm Farkas mit Fritz Grünbaum die Leitung des *Wiener Stadttheaters*, 1927 des *Moulin Rouge* und des *Simpl*, das er mit Unterbrechung (1938–1946, Emigration in die USA) bis zu seinem Tod leitete.

Robert Gernhardt

(13.12.1937 Tallinn – 30.6.2006 Frankfurt am Main) studierte Malerei und Germanistik in Stuttgart und Berlin. Ab 1964 lebte er als freiberuflicher Maler, Zeichner, Karikaturist und Schriftsteller in Frankfurt am Main. Gernhardt war Mitbegründer der *Neuen Frankfurter Schule* und schrieb für mehrere Zeitschriften und Satiremagazine.

Johann Wolfgang Goethe
(28.8.1749 Frankfurt am Main – 22.3.1832 Weimar)
war als Universalgenie gleichermaßen Dichter, Schrift-
steller, Kunstkritiker, Philosoph, Naturwissenschafter,
Jurist und Staatsmann. Er prägte Sturm und Drang
sowie mit Schiller die Weimarer Klassik. Zu seinen
bekanntesten Werken zählen *Götz von Berlichingen*,
Die Leiden des jungen Werther, *Iphigenie auf Tauris*
sowie *Faust*.

Fritz Grünbaum
(7.4.1880 Brünn – 14.1.1941 KZ Dachau) war ein
Kabarettist, Conférencier, Kabarett-Leiter, Autor von
Operetten, Revuen, Singspielen, Chansons, Couplets,
Theater- und Filmschauspieler sowie Regisseur. Seine
Kabarettkarriere startete er 1906 in der *Hölle* im Thea-
ter an der Wien, 1914 erster Auftritt im Kabarett
Simpl, wo er mit Karl Farkas die Doppelconférence
etablierte.

Peter Hammerschlag
(27.6.1902 Wien – 1942 KZ Auschwitz) schrieb sati-
rische und groteske Kurzgeschichten und Gedichte,
die er mit Illustrationen und Karikaturen versah. 1930
debütierte er in Berlin als Kabarettist, kehrte 1931
nach Wien zurück und wurde Mitbegründer der ers-
ten Wiener Kleinkunstbühne *Der liebe Augustin*, in
der er ab 1931 ständig auftrat und als »Blitzdichter«

berühmt wurde. Von 1936 bis 1938 schrieb er auch für die Kleinkunstbühnen *Literatur am Naschmarkt*, *ABC* oder *Die Stachelbeere*.

Heinrich Heine
(13.12.1797 Düsseldorf – 17.2.1856 Paris) war einer der bedeutendsten deutschen Dichter, Schriftsteller und Journalisten des 19. Jahrhunderts. Heine prägte die deutsche Sprache nachhaltig, machte die Sprache des Alltags lyrikfähig und entwickelte erstmals aus Reiseberichten, Zeitungsartikeln und Feuilletons künstlerische Meisterwerke. Heine gilt als Schriftsteller der Romantik und gleichzeitig als Überwinder dieser Strömung. In seinem Werk erkennt man die revolutionären Ideen des Vormärz, Elemente der Aufklärung und des Realismus.

Ernst Jandl
(1.8.1925 Wien – 9.6.2000 Wien) war ein bedeutender experimenteller Lyriker, Hörspiel- und Dramenautor. Beeinflusst von Expressionismus, Dadaismus, der Wiener Gruppe und der Konkreten Poesie, entwickelte Jandl vielfältige experimentelle Formen, wobei seine ausdrucksstarke Rezitation eine besondere Rolle spielte. Jandl war Mitglied des Forums Stadtpark, Mitbegründer der Grazer Autorenversammlung und von 1983 bis 1987 deren Präsident.

Erich Kästner

(23. Februar 1899 Dresden – 29.7.1974 München) war Schriftsteller, Publizist, Drehbuchautor und Verfasser von Texten für das Kabarett. Breite Bekanntheit erlangte er vor allem mit seinen Kinderbüchern (*Das fliegende Klassenzimmer*, *Das doppelte Lottchen* und *Emil und die Detektive*).

Winfried Kraft

Lebensdaten unbekannt

Gotthold Ephraim Lessing

(22.1.1729 Kamenz/Oberlausitz – 15.2.1781 Braunschweig) war der wichtigste Vertreter der deutschen Aufklärung, seine Dramen und theoretischen Schriften sind vor allem dem Toleranzgedanken verpflichtet. Seine wichtigsten Werke: *Miß Sara Sampson*, *Minna von Barnhelm*, *Emilia Galotti* und *Nathan der Weise*.

Erich Mühsam

(6.4.1878 Berlin – 10.7.1934 KZ Oranienburg) war Autor politischer Schriften und Balladen, von Kabarett-Chansons, Dramen, Essays und Gedichten. Ab 1919 war der Revolutionär und radikale Anarchist Mitglied des Zentralrats der bayerischen Räterepublik und einer der Führer der Räterepublik, wofür er von 1919 bis 1925 inhaftiert wurde. Nach dem Reichstagsbrand wurde Mühsam, der jüdischer Abstammung war, von den Nazis verschleppt. Er starb im KZ Oranienburg.

Friedrich Schlegel
(10.3.1772 Hannover – 12.1.1829 Dresden) war ein deutscher Kulturphilosoph, Philosoph, Kritiker, Literaturhistoriker und Übersetzer. Friedrich Schlegel war neben seinem Bruder August Wilhelm Schlegel einer der Begründer der modernen Geisteswissenschaft und ein wichtiger Vertreter der Frühromantik.

Karl Valentin
(4.6.1882 als Valentin Ludwig Fey in München – 9.2.1948 Planegg bei München) war ein deutscher Komiker, Volkssänger, Autor und Filmproduzent. Er beeinflusste maßgeblich die Arbeiten von Dichtern, Autoren und Künstlern wie etwa Bertolt Brecht, Loriot oder Helge Schneider. Sein Werk steht dem Dadaismus sowie Expressionismus nahe, weist aber auch Züge des Nonsens auf.

Friedrich Karl Waechter
(3.11.1937 Danzig – 16.9.2005 Frankfurt am Main) war Zeichner, Karikaturist, Cartoonist und Autor von Kinderbüchern und Theaterstücken. Waechter absolvierte eine Ausbildung zum Gebrauchsgrafiker, ab 1969 war er Mitarbeiter der Zeitschriften *Pardon*, *konkret*, *Twen* und Gründungsmitglied des Satiremagazins *Titanic*.

Hugo Wiener

(16.2.1904 Wien – 14.5.1993 Wien) war Komponist, Librettist, Chanson-, Kabarett-, Drehbuch- und Satiren-Autor. 1926 wurde er musikalischer Leiter der *Hölle* im *Theater an der Wien*, ab 1928 war er zehn Jahre Hausautor der Revuebühne *Femina*, für die er mehr als 60 Revuen verfasste. Nach der Rückkehr aus der Emigration (1938–1949) gehörte er von 1950 bis 1965 dem Ensemble des *Simpl* an. Hugo Wiener hat mehr als 100 Kabarettprogramme und 400 Chansons geschrieben.

Klaus Cäsar Zehrer

(17.11.1969 Schwabach) lebt als freier Autor in Berlin. Seine Dissertation schrieb er über die *Dialektik der Satire. Zur Komik von Robert Gernhardt und der Neuen Frankfurter Schule.* 2005 gab er gemeinsam mit Robert Gernhardt die Anthologie *Hell und Schnell. 555 komische Gedichte aus 5 Jahrhunderten* heraus. Als freier Autor schreibt er für die *Frankfurter Allgemeine Zeitung* und die *Titanic*.

Textnachweis

Erich Kästner: »Hamlets Geist« © Atrium Verlag, Zürich 1936, und Thomas Kästner; »Der Handstand auf der Loreley« © Atrium Verlag, Zürich 1928, und Thomas Kästner; »Maskenball im Hochgebirge« © Atrium Verlag, Zürich 1930, und Thomas Kästner; »Der letzte Mohikaner«, »Überflüssige Warnung«, »Der Lenz verschiebt seine Premiere« aus: Erich Kästner, »Werke«, Band 1, Hanser Verlag, München/Wien 1998 © Thomas Kästner; »Sokrates zugeeignet«, »Über den Nachruhm oder Der gordische Knoten«, »Es läuten die Glocken« © Atrium Verlag, Zürich 1948, und Thomas Kästner; »Ein paar neue Rekorde« © Atrium Verlag, Zürich 1929, und Thomas Kästner

Heinz Erhardt: »Die Made«, »Kolumbus«, »An einen Nichtschwimmer«, »Ein Naßhorn«, »Das Steckenpferd«, »Warum die Zitronen sauer wurden«, »Die Kellermaus« aus: »Gedichte« von Heinz Erhardt, © 2015 Lappan Verlag Oldenburg

Ernst Jandl: »Ottos Mops« aus: Ernst Jandl, poetische Werke in 6 Bänden (Neuausgabe), hrsg. von Klaus Siblewski © 2016 Luchterhand Literaturverlag, München, in der Verlagsgruppe Random House GmbH

Friedrich Karl Waechter: »Die Gams im fremden Forst« © aus: Lützel Jeman/F. W. Bernstein/F. K. Waechter: »Die Wahrheit über Arnold Hau«, Verlag Bärmeier & Nikel, Frankfurt am Main 1966

F. W. Bernstein: »Ein Zwischenfall« aus: F. W. Bernstein, Die Gedichte © Verlag Antje Kunstmann, München 2003; »Von den erogenen Zonen« © F. W. Bernstein

Oskar Ansull: »Jeder hat einen« © Oskar Ansull, aus: »Liederlich! Die lüsterne Lyrik der Deutschen«, hrsg. von Steffen Jacobs, Eichborn Verlag Berlin, 2008

Hugo Wiener: »Ich kann den Novotny nicht leiden« aus: Cissy Kraner, »Aber der Hugo ließ mich nicht verkommen«, Lieder und Erinnerungen, Aufgezeichnet von Georg Markus, Amalthea Verlag, Wien 1994

Klaus Cäsar Zehrer: »Casanovas Nordlandreise« © Klaus Cäsar Zehrer, aus: »Liederlich! Die lüsterne Lyrik der Deutschen« Hrsg. von Steffen Jacobs im Eichborn-Verlag-Berlin, 2008

Der Verlag hat alle Rechte abgeklärt. Konnten in einzelnen Fällen die Rechteinhaber der reproduzierten Texte nicht ausfindig gemacht werden, bitten wir, dem Verlag bestehende Ansprüche zu melden.

Gemeinsam das Leben genießen

30 Jahre sind »die Mareceks«, Publikumsliebling Heinz und seine Frau Christine, miteinander verheiratet. In diesem Buch erzählt das Ehepaar vom gemeinsamen geglückten Versuch, ohne Rezept glücklich zu leben. Der Weg dahin führt über gemeinsames Kochen, Essen, Trinken, Reden, Lachen, Streiten mit ihren Kindern, ihren Freunden wie Otto Schenk, Karlheinz Hackl, Werner Schneyder, Harry Rowohlt … und mit wildfremden Menschen.

Gibt es so etwas wie ein allgemein gültiges Patentrezept fürs Glücklichsein? »Nein«, meint Heinz. »Unserem Leben müssen wir uns täglich neu stellen. Es ist täglich Premiere.«

Wie das Ehepaar es geschafft hat, im Moment Glück zu empfinden, erzählen Heinz und Christine jeweils aus eigenem Empfinden auf inspirierende, berührende und unterhaltsame Weise.

Mit zahlreichen Fotos & Kochrezepten von Christine

Heinz Marecek

Leben ohne Rezept

mit Christine

240 Seiten
ISBN: 978-3-99050-008-8
eISBN: 978-3-90299-896-5

Amalthea   amalthea.at